Trafic Web Extrême Avec Les Annonces Explosives:
30 Minutes Pour Faire Le Buzz Dans Votre Thématique Sur Les Blogs, Forums, Réseaux Sociaux Facebook, Twitter Et Faire Exploser Votre Trafic Internet.

TABLE DES MATIÈRES

INTRODUCTION.

Bienvenue dans cette formation et félicitations, car vous faites désormais partie des 1% des gens qui vont vraiment savoir comment créer un véritable effet de buzz dans votre thématique et ainsi obtenir bien souvent plusieurs dizaines de milliers de personnes qui viennent visiter votre site web ou votre blog.

Vous allez pour ça utiliser une technique de trafic web extrême qui consiste à créer des annonces explosives desquelles tout le monde va parler dans votre thématique, et qui va inonder aussi bien les blogs de référence, les forums ou encore les réseaux sociaux tels que Facebook ou Twitter.

Lorsque vous connaîtrez les processus de fabrication d'annonces explosives qui fonctionnent comme le font les meilleurs marketeurs sur Internet, vous n'aurez réellement besoin que d'une trentaine de minutes pour tout mettre en place.

En effet, il s'agit d'une technique de trafic web extrême, dans le sens où vous avez peut-être déjà tout essayé pour faire connaître votre site ou blog et y amener des visiteurs ciblés, sans succès.

La plupart du temps, les techniques classiques pour obtenir du trafic web et qu'on trouve un peu partout ne fonctionnent pas. Si c'était le cas, ça se saurait et personne n'aurait de problème de trafic web.

Elles sont d'ailleurs souvent relayées par de nombreux blogueurs qui ont juste besoin de créer beaucoup d'articles pour gagner en visibilité, au risque de mettre du contenu de basse qualité et inefficace.

Et en utilisant des techniques qui ne marchent pas, on obtient généralement les résultats similaires.

Ainsi, peut-être que vous avez déjà essayé de vous faire connaître en créant des articles ou des vidéos que vous mettez le plus grand soin à faire, et finalement vous en avez marre qu'il n'y ait que deux ou trois personnes égarées qui tombent dessus puis les zappent presque aussitôt.

Peut-être que vous avez alors essayé de poster de nombreux commentaires pertinents sur les autres blogs, réseaux sociaux tels que les pages ou groupes Facebook de votre thématique et encore une fois, vous avez remarqué que même avec 200 ou 300 commentaires, vous ne récoltez que 4 ou 5 visiteurs.

Vos commentaires sont finalement noyés dans la masse, et il est difficile de vous faire une voix qui ressort vraiment du lot de la concurrence, surtout si vous débutez.

Par ailleurs, vous avez peut-être aussi essayé de faire du SEO, en optimisant votre positionnement sur Google pour que les gens puissent vous trouver plus facilement.

Le problème est que les algorithmes de Google changent tellement souvent que vous ne pouvez pas faire reposer votre trafic web juste sur cette stratégie seule.

Les petites astuces ou ruses pour tricher avec Google ne fonctionnent pas bien longtemps, et encore moins pour avoir du trafic stable à long terme.

Enfin, peut-être que vous avez essayé de créer des partenariats avec les gros de votre thématique, mais la plupart d'entre eux ne prend même pas le temps de vous répondre.

Les raisons en sont multiples.

Cela peut être soit parce qu'ils ne vous connaissent pas car vous débutez, soit parce qu'ils ont tellement de demandes similaires qu'ils n'ont pas les moyens de répondre à tout le monde.

Bref, le problème avec ces méthodes gratuites est qu'elles demandent souvent un investissement en temps immense et souvent de plusieurs mois au regard des résultats minuscules qu'elles produisent.

Ce qu'il vous faut ce n'est pas avoir quelques dizaines de visiteurs froids et pas intéressés pas vos produits.

Ce dont vous avez besoin, c'est d'avoir des milliers de visiteurs ciblés qui viennent sur votre site de manière fulgurante, car vous n'avez pas plusieurs mois à perdre sans pouvoir gagner de l'argent avec votre business sur Internet par manque de visiteurs.

Une dernière solution pour avoir du trafic instantanément est alors de ne pas payer en temps, mais de payer en argent en faisant de la pub.

Si ça peut être une solution qui marche quand on s'y connaît bien, ce n'est pas forcément la plus simple et la moins coûteuse à mettre en place et peut se révéler risquée, surtout si vous débutez.

En effet, le premier problème avec la publicité est que vous n'avez peut-être pas beaucoup de budget à dépenser.

Par ailleurs et si vous voulez être sérieux avec la publicité, il va souvent vous falloir plusieurs centaines voire milliers d'euros de dépenses avant de rendre votre campagne rentable, et de nombreuses semaines à tester les paramètres de ciblage quasi infinis (position de la publicité, type d'image, texte de l'annonce, sexe de personnes, âge, profession, loisirs, pays, etc.).

Le deuxième problème est que les plateformes publicitaires comme Google Adwords peuvent décider de fermer votre compte à tout moment de part leurs critères de sélection draconiens, et balayer le fruit de tous vos efforts à mettre en place une campagne rentable.

Bref, surtout lorsque vous débutez, vous vous rendez bien compte qu'utiliser les techniques classiques qu'ont voit partout n'est pas la solution à votre problème de trafic.

Soit cela demande des mois de travail pour un résultat négligeable, soit beaucoup d'argent que vous n'avez pas forcément.

Il vous faut alors utiliser des techniques radicalement différentes : des techniques de trafic web extrême que personne ou presque ne connaît ou ne sait utiliser correctement, et qui donnent un maximum de résultats en termes de trafic Internet en un minimum de temps, et surtout sans argent.

L'une de ces techniques de trafic web extrême est la technique des annonces explosives, et cette formation va vous guider en pas-à-pas pour la mettre en place de manière optimale.

Voici le contenu, en trois modules :

Module #1

A la fin de ce module, vous connaîtrez exactement le principe des annonces explosives et en quoi elles consistent.

Module #2

Dans ce deuxième module, vous allez voir de manière détaillée le processus de fabrication d'une annonce explosive qui va fonctionner et va faire le buzz dans votre thématique.

Vous allez ainsi éviter toutes les erreurs des rares débutants qui ont éventuellement entendu parler de cette technique, en utilisant les mêmes processus que les meilleurs marketeurs sur Internet pour faire des buzz retentissants.

Avec à peine trente minutes pour la mettre en place, vous allez avoir un résultat maximal en terme de trafic web, car tout le monde dans votre thématique va parler de vous, que ce soit sur les blogs, les réseaux sociaux ou les forums.

Vous allez voir dans ce deuxième module cinq différentes manières de fabriquer une annonce explosive, et vous aurez la liberté soit de choisir la manière qui vous convient le mieux, soit de tester l'ensemble de ces manières.

Module #3
Dans ce troisième module, vous allez voir comment mettre en place un calendrier pour créer des annonces explosives sur une base régulière.

De cette manière, vous vous assurerez d'avoir un trafic web stable et très élevé sur le long terme.

Ainsi, en appliquant cette technique des annonces explosives, vous allez non seulement générer un afflux énorme de visiteurs ciblés en un temps record, mais vous allez aussi pouvoir remplir votre mailing list plus vite que n'importe quelle autre méthode d'email marketing.

Vous pourrez également générer des tonnes de ventes, en particulier si vous utilisez la quatrième façon de fabriquer une annonce explosive.

Chaque annonce explosive peut de cette manière pour permettre d'obtenir en un minimum de travail un afflux immédiat et massif de trafic ciblé dès que vous sortez par exemple un nouveau produit, ou sur une base régulière pour toujours avoir un trafic important sur la longue durée.

Cette introduction étant terminée, entrons dès maintenant dans le vif du sujet avec le premier module en page suivante.

MODULE #1: PRINCIPE DES ANNONCES EXPLOSIVES.

Ce premier module va vous expliquer le principe de fonctionnement des annonces explosives et en quoi elles consistent.

Ce qu'il faut savoir avant tout, c'est qu'il est difficile de théoriser et de prévoir mathématiquement l'importance du buzz que va produire une annonce explosive donnée.

Contrairement à de nombreux concepts ou autres méthodes qu'on peut facilement théoriser en faisant ressortir les points communs de ce qui a fonctionné ou pas suite à l'analyse d'un ensemble de cas, il est relativement difficile de prévoir à l'avance l'ampleur du buzz que peut faire une annonce explosive particulière.

Parfois cela pourra être de plusieurs dizaines de milliers de personnes voire davantage, d'autres fois seulement de quelques milliers.

Toutefois, s'il est difficile de prévoir la portée d'une annonce explosive, la manière de les fabriquer que vous allez voir dans le deuxième module est le meilleur gage de pouvoir en créer une qui pourra faire un buzz énorme dans votre thématique et faire se ruer sur votre site web ou blog des dizaines de milliers de visiteurs ciblés.

Ainsi, il faut plutôt voir les annonces explosives comme des dents de scie. Certaines feront un carton plein, d'autres fonctionneront peut-être un peu moins bien.

Ce qui est primordial, c'est de surtout ne pas s'arrêter à votre première annonce explosive mais d'en faire sur une base régulière.

Il suffit que la toute première annonce mise en place n'apporte pas les résultats attendus pour diverses raisons souvent liées à l'inexpérience de la première fois, pour que la plupart des gens arrêtent tout et ne mettent pas en place une deuxième annonce qui aurait pu tout changer.

Ne faites surtout pas cette erreur, car peu importe le domaine de la vie, la première fois n'est pas forcément le meilleur succès qu'on obtient, qu'il s'agisse de recette de cuisine, de business ou de monter une opération marketing.

C'est d'ailleurs la raison pour laquelle vous verrez dans le troisième module comment mettre en place un calendrier pour créer régulièrement des annonces explosives.

De cette manière, les éventuels pics de buzz et les buzz plus faibles que vont générer vos annonces explosives va vous donner en moyenne un trafic élevé et stable sur le long terme comme le montre l'illustration ci-dessous (ce qui est bien plus important que de ne faire qu'un coup d'éclat unique):

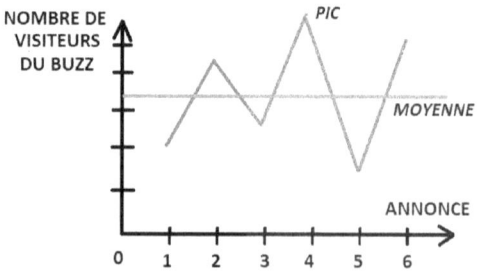

Bien entendu, le nombre de visiteurs que vous allez obtenir avec une annonce explosive va directement dépendre du nombre de personnes qu'il y a dans votre marché de niche.

Même si votre annonce explosive va toucher la grande majorité des gens de votre thématique, n'espérez pas avoir un million de visiteurs si votre marché de niche n'est composé que de 600 personnes.

N'oubliez pas qu'on cherche avec une annonce explosive à faire du buzz uniquement dans votre thématique et pas ailleurs.

Le but n'est pas d'attirer sur votre site n'importe quelle personne qui n'est pas intéressée par votre thématique et vos produits, mais d'attirer des visiteurs ciblés de votre marché et surtout qui seront vos futurs clients.

Il est très facile d'obtenir beaucoup de visiteurs stériles qui n'ont rien à voir avec votre thématique et qui ne vont jamais rien acheter.

D'ailleurs, beaucoup de services douteux se vantent de pouvoir vous envoyer des tonnes de visiteurs contre quelques euros.

Le problème est que non seulement les gens qu'ils vous envoient sont souvent des gens de pays en développement qui ne parlent même pas votre langue, mais qu'il s'agit souvent de personnes payées en fonction du nombre de sites qu'elles visitent ou du nombre de clics qu'elles font.

N'espérez donc pas obtenir quoi que ce soit avec ce genre de trafic inutile qui ne vous fera ni être plus connu qu'avant dans votre thématique, et qui ne vous aura bien évidemment généré aucune vente.

Ceci étant clarifié, vous allez maintenant voir en page suivante le principe d'une annonce explosive.

Principe d'une annonce explosive.

Le but va être de faire parler de vous un maximum dans votre thématique en créant un véritable buzz.

Vous n'allez même pas avoir besoin d'alerter la presse, même si vous pouvez le faire en plus si vous le souhaitez.

Ainsi, vous avez dans votre thématique un ensemble de supports tels que les blogs, les forums ou les réseaux sociaux comme Facebook ou Twitter, sur lesquels les gens de votre thématique échangent en permanence sur des sujets divers et variés.

L'objectif va être de leur fournir un sujet de discussion duquel ils vont se mettre à parler et qui va les pousser à alerter un peu tout le monde dans votre thématique.

Ce sujet va être fabriqué de manière bien spécifique afin de créer cet impact (vous verrez comment le faire dans le deuxième module).

Les gens vont alors se mettre à débattre entre eux de ce sujet : certains seront pour, d'autre contre, certains auront un avis et d'autre pas, certains trouveront ça génial, etc.

L'idée est que ce sujet fasse parler de vous, et que les gens aillent voir sur votre site ce dont il s'agit exactement.

Vous allez pour ça fabriquer un sujet nouveau qui n'a jamais été annoncé, et c'est vous qui allez l'annoncer à votre thématique.

Vous allez maintenant voir dans le deuxième module le processus bien particulier pour fabriquer ce genre de sujet totalement neuf que vous serez le premier à annoncer dans votre thématique tel un scoop.

Vous allez ainsi créer une annonce explosive qui va faire le buzz.

MODULE #2: FABRIQUEZ VOS ANNONCES EXPLOSIVES À L'AIDE D'UN DE CES 5 PROCESSUS POUR CRÉER LE BUZZ.

A la fin de ce module, vous saurez exactement comment fabriquer de toutes pièces des annonces explosives qui vont créer un véritable buzz dans votre thématique.

Tout le monde va parler de ce sujet nouveau et complètement inédit que vous allez lancer tel un scoop, et se ruer sur votre site pour voir de quoi il est question.

Vous allez voir que vous n'aurez bien souvent pas besoin de plus d'une trentaine de minutes pour mettre au point une telle opération, et que les résultats sont souvent spectaculaires.

Vous allez voir dans les pages suivantes cinq processus pour fabriquer des annonces explosives.

Vous pouvez choisir la manière qui vous convient le mieux, ou tester les différentes manières pour voir au final laquelle vous amène le plus de résultats et laquelle vous préférez.

II.1- Première façon de fabriquer une annonce explosive.

La première façon pour fabriquer une annonce explosive consiste à **utiliser des statistiques d'utilisateurs qui soient étonnantes ou qui soient décalées.**

Prenons un exemple pour illustrer ça.

Un site de rencontre aux Etats-Unis avait créé une annonce explosive en étudiant les statistiques de leurs utilisateurs et en trouvant une statistique étonnante.

En effet, le site a remarqué que les utilisateurs d'iPhone avaient en moyenne plus de relations sexuelles et faisaient plus de rencontres que les utilisateurs de téléphones Androïd.

Le site a ensuite fait un communiqué de presse et alerté tous les blogueurs de la thématique pour partager cette information mise sous forme d'une page PDF ou d'un article exposant ces statistiques.

Le résultat vu époustouflant et créa un buzz monumental et un énorme coup de pub pour le site web en question.

Bien que cette statistique ne veuille rien dire en soit, le fait qu'elle soit décalée, drôle et qu'elle fasse rire tout le monde a fait que tous les sites d'actualité et tout le monde dans la thématique en parlait.

Imaginez maintenant que vous annonciez une telle chose sur par exemple un forum où il y a des combats entre fans d'Apple et fans d'Androïd.

Il est évident que vous allez déclencher un véritable tsunami de débats interminables et ainsi faire parler de vous.

Il suffit parfois de pas grand chose et une simple statistique peut tout changer.

Vous allez maintenant voir trois méthodes pour trouver des statistiques étonnantes ou décalés que vous pourrez utiliser et injecter de cette même façon sur les réseaux sociaux, blogs ou forums de votre thématique pour faire le buzz.

Première méthode.

La première méthode pour trouver des statistiques étonnantes ou décalés consiste à regarder les profils de vos utilisateurs, si vous en avez.

Si vous avez un business sur Internet, vous pouvez par exemple regarder les profils des inscrits à votre mailing list ou les profils de vos clients.

Si vous avez une autre affaire et que par exemple vous faites du coaching ou consulting, vous pouvez très bien de la même manière regarder les profils des clients que vous suivez.

Par exemple si vous faites du coaching en marketing, vous pouvez très bien faire des statistiques sur les revenus mensuels des personnes qui possèdent un blog en fonction de la thématique dans laquelle elles sont : santé, nutrition, développement personnel, mécanique, économie, photographie, etc.

Certes, beaucoup de personnes ou d'agences font déjà ce style de statistiques sur les revenus des gens.

Ces statistiques ne sont pas forcément drôles et pas suffisamment percutantes pour en faire une annonce explosive.

Le but est plutôt de trouver des statistiques de vos utilisateurs qui soient drôles ou décalées comme avec le cas des possesseurs d'iPhone ou Androïd.

Cela vous sera plus ou moins facile à faire selon la thématique dans laquelle vous êtes et selon les informations que vous possédez sur vos utilisateurs.

Cette première méthode est évidemment idéale et à privilégier par rapport aux autres que vous allez voir, puisqu'il s'agit des statistiques de vos propres utilisateurs.

Toutefois si vous n'avez pas encore de statistiques utilisateurs, vous pouvez utiliser l'une des autres méthodes suivantes pour trouver des statistiques étonnantes et décalées qui ne soient pas encore connues des personnes de votre thématique.

Deuxième méthode.

La deuxième méthode consiste à mener une veille Internet des articles ou discussions ce qui se passent dans votre thématique dans d'autres langues comme par exemple aux Etats-Unis, et de voir s'il n'existe pas des statistiques croustillantes qui n'auraient pas encore touché la communauté francophone et dont personne n'est au courant.

Dans de nombreuses thématiques, les Etats-Unis ont bien souvent plusieurs années d'avance par rapport à l'Europe, et la communication en termes d'information n'est pas forcément toujours faite.

Vous pouvez ainsi par exemple faire un listing des 10 ou 20 plus gros blogs de votre thématique aux Etats-Unis.

Puis, vous capturez leurs flux RSS que vous ajoutez à l'intérieur d'un outil tel que netvibes (www.netvibes.com/fr).

Netvibes est un outil en ligne gratuit qui vous offre un tableau de bord très ergonomique pour balayer d'un seul coup d'oeil tous les titres des nouveaux articles de vos différents flux RSS.

Vous pouvez ainsi voir très rapidement si vous ne trouvez pas quelque chose d'intéressant.

De la même manière, vous pouvez aussi regarder les forums pour voir s'il n'y a pas ce genre de statistiques.

Certains forums aux Etats-Unis regorgent d'informations de leurs membres que la communauté francophone ignore totalement, comme par exemple le warrior forum qui est un forum de référence dans le marketing sur Internet.

Pourtant, beaucoup de marketeurs francophones ignorent totalement cette plateforme de référence et passent à côté d'informations et opportunités clés qui s'échangent à dans les discussions.

Alors, ne vous en privez pas et n'hésitez pas à faire une veille de votre thématique dans les autres langues.

Troisième méthode.

La troisième méthode consiste à faire une veille, mais cette fois sur des supports sur lesquels il est plus difficile de trouver l'information.

Par exemple, certaines statistiques peuvent être cachées ou inexistantes sur Internet, personne n'en ayant jamais fait d'article texte.

Ainsi, vous pouvez parfois trouver des statistiques étonnantes ou décalées dans votre thématique simplement en regardant des vidéos Youtube (dans votre langue ou en anglais si vous maîtrisez l'anglais).

Vous pouvez parfois trouver de véritables perles de statistiques qui pourraient faire un carton.

Pourtant, elles passent inaperçues par les personnes de votre marché de niche, simplement parce qu'elles se trouvent par exemple en plein milieu d'une longue vidéo, et que personne de votre marché de niche n'a regardé cette vidéo dans son intégralité ou n'a pris soin de relever ces statistiques.

Vous pouvez également consulter les livres papier de votre thématique et voir si vous ne trouvez pas des statistiques étonnantes.

Certains ouvrages recèlent d'informations statistiques incroyables, mais personne de votre thématique n'a noté leur existence ou n'a fait la démarche de les mettre sur Internet.

De même, vous pouvez trouver des informations bien cachées et très utiles, par exemple en consultant les livres digitaux proposés sur Amazon.

Amazon vous donne en effet la possibilité de feuilleter les dix premiers pourcents d'un livre digital, et parfois les introductions affichent des statistiques très intéressantes à exploiter (que ce soit des livres en anglais ou en français).

Ceci termine cette première façon de fabriquer une annonce explosive.

Cependant, selon la thématique dans laquelle vous êtes, l'état d'avancement de votre business ou les statistiques que vous trouvez, il se peut que vous ne puissiez pas l'appliquer tout de suite.

En effet, vous n'avez peut-être pas encore un nombre suffisant de profils utilisateurs à exploiter, ou vous n'êtes pas encore tombé dans votre recherche sur des statistiques que vous pourriez utiliser.

Seulement, il est bon de garder en tête cette première façon de fabriquer une annonce explosive.

Vous allez peut-être trouver ou obtenir d'ici quelque temps des statistiques à partir desquelles vous allez pouvoir créer une annonce explosive.

Voyons maintenant une deuxième façon d'en fabriquer une.

II.2- Deuxième façon de fabriquer une annonce explosive.

La deuxième façon de fabriquer une annonce explosive consiste à faire une **démonstration d'une technologie future qui n'existe pas encore.**

Par exemple, Amazon avait réalisé une courte vidéo en montrant un drone qui délivrait des colis directement chez les gens.

Le drone avait le logo Amazon et le but était de montrer que dans le futur, ça serait éventuellement une nouvelle manière plus rapide d'acheminer les colis chez les gens.

Il y a fort à parier que 99% de gens qui ont regardé cette vidéo n'ont pas compris qu'il s'agissait de quelque chose de totalement fictif et que de tels drones n'existaient pas encore.

En effet il faut savoir qu'aujourd'hui, la plupart des gens sont pressés et ne vont pas plus loin que de regarder les deux premières minutes d'une vidéo, de la même manière qu'ils ne vont pas plus loin que de lire juste le titre d'un article ou d'un statut Twitter ou Facebook.

L'immense majorité des gens n'a alors certainement pas compris que personne ne parlait réellement de lancer un tel projet, et qu'il s'agissait simplement d'une vidéo drôle et ludique pour montrer que cela serait éventuellement une possibilité dans le futur que les colis soient livrés par drones.

Bien entendu, Amazon n'a pas certainement pas dépensé des dizaines de milliers d'euros en recherche et développement pour construire le nouveau drone du futur juste pour réaliser cette petite vidéo.

Ils ont fait les choses beaucoup plus simplement en prenant un drone que n'importe quel particulier peut avoir, et en lui apposant un logo Amazon et en lui mettant un colis dessus.

Le but n'est évidemment pas de réaliser la solution, mais simplement de faire la démonstration que cela pourrait être possible d'ici plusieurs années.

Dans le même ordre d'idées, Google a également fait la même chose en développant une voiture qui peut se conduire toute seule.

Les entreprises qui font ça n'ont évidemment pas l'intention de mettre ça en place dans leur business.

Elles savent juste qu'en présentant une possibilité dans le futur telle que les deux exemples qu'on vient de voir, elles vont pouvoir faire un buzz énorme.

Voyons voir en page suivante comment créer facilement ce genre de petite vidéo de démonstration.

Comment créer facilement une démonstration vidéo.

L'idée ici est donc de faire une petite vidéo du même style que les exemples précédents, et qui montre une technologie future probable.

Le but est de faire cette vidéo un peu comme on le fait dans le téléachat, c'est-à-dire de faire une "magic demo".

En d'autres termes, de faire une démonstration qui soit la plus bluffante possible, qui fasse écarquiller les yeux des gens et leur fasse se dire qu'il s'agit de quelque chose d'absolument fou et incroyable.

Avec un peu d'imagination vous pouvez y parvenir relativement facilement tout en utilisant des éléments de la vie réelle, sans avoir besoin d'investir et sans avoir besoin de faire du Spielberg.

Vous allez même pouvoir le faire sous forme de simulation ou d'animation sur ordinateur, en particulier s'il s'agit de quelque chose qui ne se passe pas dans la vie réelle mais sur un ordinateur comme par exemple une technologie pour sites web.

Vous pouvez ainsi faire une animation qui n'a rien de réel, mais simplement montrer comment pourrait être le futur.

Par exemple, vous pouvez montrer comment naviguer sur Internet simplement en utilisant le mouvement des yeux.

Vous n'avez bien entendu pas besoin de réaliser la technologie du futur qui n'existe pas encore ; l'idée est simplement de montrer comment telle ou telle technologie inédite pourrait fonctionner.

Vous allez ainsi faire un buzz énorme dès que vous commencerez à lancer cette vidéo sur les réseaux sociaux, blogs et forums de votre thématique, de part le bouche à oreille qui va répandre votre vidéo comme une traînée de poudre.

Ceci termine cette deuxième façon de fabriquer une annonce explosive.

Comme on vient de le voir, l'idée ici est donc de proposer une démonstration d'une technologie future non existante.

Les thématiques les plus simples en général pour utiliser cette deuxième façon de fabriquer une annonce explosive sont celles dans lesquelles l'innovation semble la plus évidente, notamment dans tous les marchés qui touchent à la technologie (informatique, automobile, nouvelles énergies, matériel médical, appareils photos, etc.).

Cela dit, il est possible d'innover dans n'importe quel domaine, et vous pourrez certainement trouver une excellente idée avec un peu d'imagination.

II.3- Troisième façon de fabriquer une annonce explosive.

La troisième façon de fabriquer une annonce explosive peut en général être utilisée facilement, quel que soit votre marché de niche.

Elle consiste à **détourner ou à utiliser à votre profit l'actualité, et si possible l'actualité émotionnelle**.

Ce qu'on entend par "émotionnelle" est l'actualité qui rend en général les gens fous ou qui les fait réagir de manière extrême et virulente à cause de ce qui se passe.

Le principe consiste à offrir une réduction énorme sur votre produit ou votre service à une catégorie de personnes qui vient d'être lésée par une loi ou par une actualité (catastrophe, assurances, etc.).

Il peut par exemple s'agir d'une loi politique qui vient de passer et qui fait qu'une petite partie de la population ou une petite partie des personnes de votre thématique se sente lésée et ait l'impression de s'être fait avoir.

Par exemple, imaginez que vous avez un business qui s'adresse essentiellement aux entrepreneurs et qu'une loi un peu scandaleuse vient d'être adoptée et augmente de 50% les taxes d'une catégorie bien spécifique ou d'un métier particulier parmi les entrepreneurs.

Vous allez ainsi profiter de cette loi pour créer un buzz autour de ça en proposant une réduction énorme par exemple de 80%, ou un avantage énorme à la petite minorité lésée par le gouvernement.

En lâchant une telle offre sur les réseaux sociaux, les forums ou les blogs de votre thématique, vous allez ainsi faire beaucoup de bruit.

De plus, plus la réduction proposée sera importante, plus votre buzz a des chances d'être retentissant.

Evidemment, le but n'est pas que la totalité des personnes de votre thématique se sente lésée par cette loi mais que ce soit uniquement une petite minorité.

Sinon, vous risquez de travailler à perte si trop de monde se rue sur votre offre ou sur votre avantage.

L'idéal est que cette actualité corresponde à une petite catégorie de personnes de votre thématique de quelques dizaines de personnes qui probablement n'achèteront jamais rien chez vous.

De cette manière, vous pourrez utiliser une telle actualité en proposant une offre que très peu ou pas de personnes demanderont à profiter, mais qui vous permettra de faire le buzz autour de ça.

Vous pouvez même aller beaucoup plus loin en offrant à cette petite minorité de personnes lésées non pas une réduction, mais carrément quelque chose de gratuit, comme par exemple un séminaire gratuit ou une heure de consulting gratuite.

Si elles sont peu nombreuses ou qu'elles ne comptent jamais acheter chez vous, votre offre incroyable fera le buzz sans même que vous ayez besoin d'honorer cette offre puisque personne ne vous demandera jamais à en profiter.

C'est notamment la façon dont certaines personnes créent un buzz immense aux Etats-Unis, en proposant par exemple un séminaire gratuit ou une séance de coaching gratuite à un ministre.

Il peut s'agir par exemple de lui faire une lettre ouverte et lui proposer cette séance de coaching gratuite pour qu'il voit comment on fait du business et qu'il voit comment ça se passe dans la vie de gens qui font du business, etc.

Il est évident que le ministre en question ne va même pas voir cette proposition que vous lancerez sur les différents supports de votre thématique (blogs, réseaux sociaux, forums...).

Il n'empêche que vous créerez ainsi un buzz incroyable avec une telle annonce, sans même avoir besoin d'honorer votre promesse.

Ceci termine cette troisième façon de fabriquer une annonce explosive.

Quelle que soit votre thématique, cette troisième façon peu en général être utilisée facilement par la plupart de gens.

Voyons voir maintenant la quatrième façon en page suivante.

II.4- Quatrième façon de fabriquer une annonce explosive.

La plupart des gens vont également pouvoir utiliser cette quatrième façon de fabriquer une annonce explosive.

Elle consiste à **organiser un concours ou un défi**, et à proposer un lot tellement surdimensionné pour celui qui va le remporter que tout le monde va en parler et va vouloir participer. Vous allez ainsi créer un buzz.

Le lot doit pouvoir à lui seul faire parler les gens en étant quelque chose qui va être perçu comme vraiment inhabituel et pas normal, et c'est ce qui va créer l'effet de buzz.

Ainsi, le lot que vous allez proposer devra soit être choquant, étonnant, ou décalé, soit avoir une valeur extrêmement élevée en termes de prix.

Voici un exemple de la manière dont vous pouvez lancer un concours ou un défi par une annonce explosive.

Vous pouvez dire par exemple :

"Si quelqu'un peut me prouver qu'il n'est pas possible d'obtenir tel résultat en utilisant cette technique, alors je lui offre ce lot surdimensionné."

Concernant le lot, vous pouvez par exemple proposer de gagner une Ferrari, en montrant les photos d'une Ferrari photographiée devant votre garage ou en ayant pris des photos d'une Ferrari (vous n'allez évidemment pas acheter une Ferrari).

Certains marketeurs ayant déjà utilisé le cadeau de la Ferrari pour fabriquer une annonce explosive et créer un véritable buzz notamment aux Etats-Unis, vous pouvez chercher à être plus original et proposer par exemple au gagnant de recevoir son poids en iPhones ou en iPads.

L'idée est alors de faire une photo des stocks pour montrer tout un tas d'iPhones et d'iPads, et il n'est ici bien sûr pas question non plus de les acheter.

Vous pouvez regrouper ceux de vos amis, ou en aller dans une fabrique ou un centre de déstockage et prendre une photo d'une pile d'iPhones ou d'iPads.

Au final, quel que soit le lot surdimensionné que vous allez proposer, le but est bien évidemment que vous n'ayez jamais à le donner.

Ainsi, si vous avez une technique qui fonctionne et donne des résultats de manière quasi certaine, vous pouvez lancer un défi qui demande de regrouper des preuves pour démontrer que votre technique ne fonctionne pas, en disant par exemple :

"Si une personne arrive à me donner les preuves et les faits qu'il a tout appliqué comme expliqué et qu'il n'a pas obtenu les résultats promis, alors je lui offre son poids en iPhones et iPads."

Si vous êtes un spécialiste de l'email marketing et que vous avez une formation qui fonctionne que vous vendez 97 euros et qui permette d'obtenir 400 nouveaux inscrits par jour à votre mailing list, vous pouvez ainsi créer un buzz en lançant une annonce explosive telle que :

"Si vous n'obtenez pas 400 nouveaux inscrits par jour avec cette formation, je vous envoie 2500 euros nets de ma poche."

Puis vous pouvez mettre plus bas dans votre article et en plus petit les conditions et toutes les preuves exactes à rassembler pour obtenir le lot.

Vous pouvez même rajouter une durée limitée dans le temps pour ce concours ou défi, ce qui rendra les preuves encore plus difficiles à rassembler dans ce laps de temps, surtout si la formation que vous vendez demande presque autant de temps à mettre en place que la période de validité du défi.

Bref, le but est que personne ne puisse jamais être capable de rassembler toutes ces preuves, et vous pouvez toujours trouver des combines pour que ce soit le cas.

Ainsi, vous pourrez lancer un concours ou un défi que personne ne réussira jamais, mais qui fera parler de vous.

En lançant ce défi sur les forums, réseaux sociaux et blogs, vous allez ainsi créer un buzz incroyable, de part le lot surdimensionné que vous allez proposer.

Tout le monde va vouloir voir de quoi il s'agit exactement.

Vous allez ainsi créer un rush de visiteurs sur votre site, et bien souvent propulser vos ventes de manière impressionnante car tout le monde voudra tenter votre nouvelle technique ou votre formation.

De plus, proposer un lot tellement immense donne une preuve supplémentaire que votre produit est vraiment efficace.

Vous renforcez ainsi la crédibilité de votre produit tout en vous créant un buzz et en augmentant vos ventes.

Que demander de mieux en termes d'opération marketing efficace ?

Encore une fois, cette quatrième façon de fabriquer une annonce explosive est redoutable et peut être utilisée quelle que soit votre thématique.

Par ailleurs, elle est très simple à mettre en oeuvre et peut à elle seule vous ramener des milliers de visiteurs et également décupler vos ventes et tout changer dans votre business.

Pourtant, les rares marketeurs qui connaissent et font un carton avec cette technique n'en parlent jamais, à croire que certains ont peur d'avoir moins de succès en partageant les choses qui marchent vraiment.

Découvrons maintenant la dernière façon de fabriquer une annonce explosive.

II.5- Cinquième façon de fabriquer une annonce explosive.

La cinquième et dernière façon de fabriquer une annonce explosive rejoint un peu la troisième qui consistait à détourner l'actualité.

Elle consiste à **faire une lettre ouverte avec invitation à une personnalité.**

En d'autres termes, vous allez viser une personnalité politique ou une célébrité, et lui donner la gratuité à un de vos produits ou même la gratuité à vie à l'ensemble de vos produits.

Puis, vous en faites parler et diffusez l'information sur les différents supports utilisés par les personnes qui échangent dans votre thématique (blogs, forums, réseaux sociaux, etc.).

Si vous faites ça, la personnalité en question ne viendra très certainement jamais profiter de vos produits ou assister à votre séminaire, mais les gens vont en parler et vous allez créer le buzz.

L'idée ici est donc de détourner et utiliser le nom d'une personne qui est connue et d'utiliser le fait qu'elle soit connue pour qu'on parle de vous.

Par exemple, vous pouvez offrir au chanteur de muse un abonnement à vie à vos cours d'apprentissage de guitare en ligne.

Vous pouvez également mettre au service de François Hollande votre service de diététicien en ligne à vie.

Ou encore, proposer à telle ou telle célébrité atteinte de dépendance à l'alcool ou au tabac vos séances d'hypnose jusqu'à l'arrêt total de leur addiction.

Quel que soit l'angle que vous choisissez, il faut savoir les gens adorent parler de ceux qui sont connus, et cette stratégie vous permettra facilement de créer une annonce explosive dans n'importe quelle thématique.

Ceci termine ce deuxième module.

Vous connaissez désormais cinq processus de fabrication ultra efficaces qui vont vous permettre de créer des annonces explosives à la manière des meilleurs marketeurs sur Internet, afin de faire le buzz dans votre thématique.

Vous avez d'abord découvert une première façon qui consiste à utiliser les statistiques d'utilisateurs qui soient étonnantes et décalées.

Vous avez vu différentes manières de trouver ce genre de statistiques, même dans le cas où votre business ne vous permet pas d'avoir les vôtres.

La deuxième façon consiste à faire une démonstration d'une technologie qui n'est pas encore existante, mais qui pourrait éventuellement arriver dans le futur.

Vous avez vu comment faire ça facilement, par exemple avec une courte vidéo de simulation ou d'animation sur votre ordinateur.

Vous n'avez bien évidemment pas besoin d'être l'inventeur de génie qui mettra au point cette technologie, et vous pouvez réaliser cette vidéo très facilement sans avoir besoin d'investir.

La troisième façon consiste à détourner ou utiliser à votre profit l'actualité émotionnelle.

Vous avez ainsi vu comment tirer parti des news qui pénalisent fortement une minorité de personnes, pour offrir à ces personnes une réduction immense ou un avantage énorme qui va faire beaucoup de bruit dans votre thématique.

Bien entendu, tout ça en vous assurant habilement qu'un minimum de personnes ou que personne ne va vous demander d'en bénéficier, mais tout en profitant du buzz que vous allez créer.

La quatrième façon pour fabriquer une annonce explosive est d'organiser un concours ou un défi, en proposant un lot tellement surdimensionné que tout en monde va en parler.

Vous allez ainsi générer un flux de trafic immense et également décupler vos ventes.

En effet, en proposant un lot surdimensionné si votre produit ou formation ne donne pas de résultats, vous allez donner une crédibilité instantanée à ce que vous vendez et vos ventes vont ainsi être propulsées.

De plus, beaucoup de gens voudront avoir la chance de gagner ce gros lot et vont donc acheter votre produit pour ça.

La cinquième façon consiste à faire une lettre ouverte avec une invitation, en proposant la gratuité de vos produits à une personnalité ou à une célébrité.

Vous allez ainsi profiter du rayonnement d'une personne connue pour faire parler de vous, et vous n'aurez bien entendu certainement jamais à honorer votre promesse puisque la célébrité ne viendra sûrement jamais frapper à votre porte.

Chacune de ces techniques ne prend que très peu de temps à mettre en place pour un effet maximal sur votre trafic web.

Dès que vous avez fabriqué votre annonce explosive, il vous suffit de la lâcher dans les places où se trouvent les gens de votre thématique (blogs, forums, pages et groupes Facebook, Twitter...), et de laisser la magie opérer.

Ces techniques peuvent à elles seules faire décoller votre business, non seulement en nombre de visiteurs mais également en ventes.

Comme on l'a vu lors du premier module, l'intérêt est de pouvoir faire ce genre d'annonces explosives de manière régulière.

C'est ce qu'on va voir dans le prochain module pour mettre en place un calendrier de fabrication d'annonces explosives.

MODULE #3: METTEZ EN PLACE UN CALENDRIER D'ANNONCES EXPLOSIVES POUR AVOIR DU TRAFIC MASSIF EN PERMANENCE.

L'idée est maintenant de mettre en place un calendrier d'annonces explosives pour en sortir régulièrement.

Un bon rythme consiste à en sortir une tous les mois, mais vous pouvez aussi le faire une fois par trimestre mais pas moins.

En effet, comme on l'a vu dans le premier module, chaque annonce ne va pas avoir forcément le même effet en termes d'intensité de buzz.

Ainsi, plus que de faire un coup isolé, il va donc vous falloir en fabriquer une sur une base régulière de manière à vous assurer un niveau de trafic stable sur le long terme, qui sera la moyenne entre ces différentes annonces explosives (voir le schéma du premier module).

Ce qu'il faut savoir avec les annonces explosives, c'est qu'il ne va pas forcément vous venir des idées instantanément pour en créer.

Il est donc fortement recommandé de garder un cahier ou un fichier texte afin de noter vos idées d'annonces explosives à chaque fois que vous en avez une.

Vous vous constituerez ainsi un stock d'idées que vous pourrez immédiatement utiliser aux moments où vous avez planifié d'en fabriquer une et de la diffuser auprès de votre marché de niche.

Vous ne perdrez de cette manière pas de temps à chercher une idée.

Décidez maintenant d'un rythme de création selon l'importance des résultats que vous voulez obtenir, et créez dès maintenant ce fichier de capitalisation.

N'hésitez pas à tester l'ensemble des différents processus de fabrication d'une annonce explosive.

Il se peut que vous obteniez pour certaines des résultats qui dépassent votre espérance alors qu'initialement vous pensiez faire un flop car la manière de faire ne vous inspirait pas.

Ceci termine cette formation et il reste à la conclure en page suivante.

CONCLUSION.

Cette formation touche à sa fin et vous connaissez maintenant tout ce qu'il faut savoir pour fabriquer des annonces explosives très rapidement qui vont faire parler de vous et vous permettre de créer un buzz.

Ainsi, vous avez vu dans un premier module les principes des annonces explosives.

Dans le deuxième module, vous avez découvert cinq processus qui vous permettent facilement et rapidement de fabriquer une annonce explosive de la bonne façon, de manière à créer un buzz maximal.

Enfin, le troisième module vous a montré comment mettre en place un calendrier d'annonces explosives de manière à vous assurer en permanence un trafic web stable.

Vous avez aussi vu comment capitaliser vos idées d'annonces explosives pour ne jamais perdre de temps en étant en panne d'idées.

Vous allez ainsi très probablement obtenir un afflux de visiteurs ciblés de votre thématique qui va dépasser vos espérances.

De plus, ces visiteurs ne vont pas se contenter simplement de venir sur votre site, mais vont se transformer en clients et vous allez pouvoir propulser vos ventes, comme on l'a vu dans le deuxième module avec la quatrième façon de créer une annonce explosive.

Vous allez donc en un minimum de temps, en général qui ne dépasse pas une trentaine de minutes, pouvoir mettre votre annonce en place et la diffuser sur les différents supports où se trouvent les gens qui échangent sur votre thématique : réseaux sociaux tels que groupes et pages Facebook, Twitter, les gros blogs de référence de votre thématique, les forums, etc.

Cette technique de trafic web extrême avec les annonces explosives est donc redoutable, car elle vous permet de n'avoir à passer que le strict minimum de temps pour obtenir des résultats maximaux en termes de trafic web, de ventes et de revenus.

Cela n'a donc plus rien à voir avec les stratégies qu'on trouve un peu partout et qui vous demandent de consacrer énormément de temps ou d'argent pour avoir un résultat en termes de trafic web souvent très décevant.

C'est d'ailleurs pour ça que l'énorme majorité des gens ont des problèmes de trafic web et que seuls les 1% des personnes qui utilisent des techniques extrêmes comme les annonces explosives réussissent à obtenir des résultats impressionnants qui suscitent la jalousie et l'admiration.

Si vous utilisez régulièrement les annonces explosives, cette technique peut à elle seule définitivement résoudre vos problèmes de trafic web et propulser votre site à un sommet de popularité avec une vitesse qui va certainement vous bluffer.

L'effet viral et l'effet buzz est bien souvent quelque chose de fulgurant, et vous avez tous les moyens d'en créer un grâce à cette formation.

Surtout, rappelez-vous de faire des annonces explosives régulièrement et ne vous arrêtez pas si la toute première ne vous apporte pas autant de résultats que vous l'espériez.

Rappelez-vous aussi qu'il suffit seulement d'une seule annonce explosive pour que tout change pour vous et votre business en ligne.

Vous pourrez bien entendu appliquer cette technique extrême à chaque fois que vous créez un nouveau site dans n'importe quelle autre thématique, afin de créer un effet de buzz le plus rapidement possible et avec un minimum d'investissement en temps.

Vous pouvez également combiner cette technique extrême avec les autres techniques extrêmes de la même série, pour obtenir encore plus de résultats.

Je vous souhaite donc tous mes voeux de succès avec les annonces explosives, pour propulser votre trafic web, vos ventes et vos revenus au niveau supérieur et vous dis à bientôt, j'espère, pour une prochaine formation.

A PROPOS DE L'AUTEUR.

Rémy Roulier est un ancien ingénieur informatique et responsable marketing dans une multinationale.

Il est aujourd'hui auteur best-seller, digital nomad et voyage partout dans le monde, ayant acquis depuis plus de dix ans une véritable expertise dans le marketing internet et le développement personnel.

Il partage aujourd'hui ses outils et son expérience pour permettre aux autres d'atteindre également leur indépendance financière et de façonner leur vie telle qu'ils la désirent vraiment.

CRÉATIONS DU MÊME AUTEUR.

Voici aussi quelques autres de mes créations qui peuvent vous servir :

TRAFIC WEB EXTRÊME AVEC LE PARASITAGE DE PRODUIT:
VOLEZ LEGALEMENT DES MILLIERS DE VISITEURS PAR SEMAINE A VOS CONCURRENTS FACILEMENT, INSTANTANEMENT, ET GRATUITEMENT ET TRANSFORMEZ-LES EN CLIENTS.

Cette technique de la série "trafic web extrême" va vous permettre d'obtenir chaque semaine des milliers de visiteurs ciblés en les volant légalement à vos concurrents. Vous allez également pouvoir faire exploser votre mailing list et décupler vos ventes en transformant facilement ces visiteurs en clients, sans dépenser le moindre centime en publicité.

VAINCRE LA PROCRASTINATION QUAND ON EST PARESSEUX:
LA NOUVELLE METHODE D'ORGANISATION, PRODUCTIVITE, GESTION DU TEMPS POUR PASSER A L'ACTION INSTANTANEMENT SANS EFFORTS ET REALISER SES REVES.

Cette méthode jamais révélée auparavant vous guide pas-à-pas pour reprendre totalement votre vie en main et avoir un contrôle complet sur vos priorités de vie sans plus jamais rien remettre au lendemain. Vous allez ainsi immédiatement passer à l'action même si vous êtes paresseux, pour mener à termes vos rêves et objectifs sans effort comme un expert de la productivité, aussi bien dans votre vie personnelle que professionnelle.

VOTRE PREMIER SMIC SUR INTERNET EN 72 HEURES:
LE SYSTEME INEDIT LE PLUS RAPIDE POUR GAGNER DE L'ARGENT SUR
INTERNET QUAND ON N'A PAS LE TEMPS ET GENERER 1200 EUROS EN 3
JOURS SANS CREER DE PRODUIT.

Une méthode inédite pour générer vos premiers 1200 euros en ligne en seulement 3 jours et sans créer de produit. A posséder absolument pour tous ceux qui n'ont plus le temps ou qui ont déjà tout essayé pour gagner de l'argent sur Internet. Cette méthode va tout changer.

EMAILING QUI VEND:
42 MINUTES POUR DEVENIR RICHE AVEC VOTRE MAILING LIST EN
DECUPLANT VOS TAUX D'OUVERTURE ET VENTES COMME UN PRO DE
L'EMAIL MARKETING.

Découvrez en seulement 42 minutes comment extraire un maximum d'argent de votre mailing list et obtenir des taux de conversion record comme le font les plus grands experts mondiaux de l'email marketing. Rejoignez tout de suite les 1% des gens qui génèrent de véritables fortunes grâce à leur mailing list.

DEVENIR RICHE AVEC UN BLOG DE CURATION:
CREER UN BLOG D'EXPERT QUI CARTONNE ET GAGNER DE L'ARGENT SANS
CREER D'ARTICLES AVEC LA CURATION.

Accédez à la méthode la plus complète pour réussir rapidement avec un blog de curation. Cette nouvelle méthode simple et ludique de bloguer va vous permettre de gagner beaucoup d'argent et de vous positionner rapidement comme un véritable expert, sans jamais avoir besoin d'écrire des articles, de tourner des vidéos ou d'être un spécialiste de votre niche.

CREER UN SITE WEB LUCRATIF EN 4 SEMAINES:
LA FAÇON LA PLUS RAPIDE DE CRÉER UN BLOG OU SITE INTERNET RENTABLE
EN PARTANT DE ZÉRO.

Découvrez la façon la plus rapide et simple de créer un site ou blog qui vous rapporte entre 5000 et 10000 euros par mois en partant de rien.

Une méthode pas-à-pas qui vous guide en 5 modules vers votre indépendance financière, en évitant toutes les erreurs des débutants.

DEVENIR RICHE EN FREELANCE SUR LE WEB:
POURQUOI 99% DES INDEPENDANTS ECHOUENT SUR INTERNET ET
COMMENT REJOINDRE LES 1% QUI GENERENT DES REVENUS A 6 CHIFFRES.
Un livre que doit posséder absolument tout entrepreneur. Il vous explique comment bâtir votre business en freelance sur le web (ou ailleurs) pour éviter de devenir un indépendant qui croule sous le travail en ne gagnant que des miettes. Découvrez exactement comment s'y prennent les freelances qui cartonnent sans (trop) travailler, et reproduisez le même modèle qui leur permet de générer des revenus à 6 chiffres.

CONTENU DE MASSE POUR VOTRE BLOG:
1 HEURE/JOUR POUR CREER 7 ARTICLES, 5 VIDEOS ET 1 PRODUIT CHAQUE
SEMAINE ET CREER UN BLOG D'AUTORITE ULTRA RENTABLE.
Découvrez une méthode radicale et inédite pour devenir un créateur de contenu à 100% et créer 7 articles, 5 vidéos et 1 produit chaque semaine en ne travaillant qu'une heure par jour du Lundi au Vendredi. Commencez immédiatement et voyez votre trafic et vos revenus exploser.

CREER UN BLOG VIDEO SANS SE RUINER:
LA METHODE COMPLETE POUR CREER UN VLOG PRO (EQUIPEMENT,
DISCOURS, TOURNAGE, MONTAGE, VIDEO, DIFFUSION) SANS SE RUINER.
Tout ce que vous devez savoir pour créer un blog vidéo de qualité professionnelle le plus facilement possible, même si vous avez peu ou pas de budget. Laissez-vous guider totalement de l'équipement à la diffusion, et voyez des milliers de fans s'agglutiner et vos ventes exploser par vos vidéos irrésistibles.

ECRIRE UNE PAGE DE VENTE HYPNOTIQUE:
54 MINUTES CHRONO POUR ECRIRE FACILEMENT UN ARGUMENTAIRE DE
VENTE FASCINANT ET VENDRE SUR INTERNET COMME UN PRO DU
COPYWRITING HYPNOTIQUE.
Une méthode clés-en-main pour écrire facilement une page de vente hypnotique, et en seulement 54 min. Bien plus puissante que le copywriting ordinaire, utilisez-là pour "forcer" vos clients à acheter vos produits en les plongeant dans un état de transe hypnotique.

Une méthode complète pour créer une landing page en partant de rien et obtenir d'entrée de jeu des taux de conversion records à rendre jaloux les meilleurs marketeurs. Evitez les mois de tâtonnements interminables et les centaines d'euros dépensés pour trouver la meilleure version, en prenant ce raccourci tout de suite.

Découvrez un système complet et unique en pas-à-pas pour réaliser des vidéos de vente en partant de rien. De l'équipement à la création de votre argumentaire de vente, en passant par les techniques pour amener de la présence et pour minimiser votre temps de montage vidéo, vous saurez comment obtenir des taux de conversion record dignes des meilleurs marketeurs, de la manière la plus simple, rapide, et sans vous ruiner.

TUNNELS DE VENTE SOCIAUX:
GAGNER DE L'ARGENT SUR INTERNET ET DEVENIR RICHE AUJOURD'HUI
APRES L'EXPLOSION DES RESEAUX SOCIAUX (FACEBOOK, TWITTER...) ET
YOUTUBE.

Une véritable plongée dans la psychologie de l'acheteur d'aujourd'hui et une méthode pratique qui vous permet de créer un tunnel de vente tel qui fonctionne après l'explosion des réseaux sociaux. Convertissez ainsi sans peine vos prospects en clients, en acheteurs multiples, en fans et en véritables ambassadeurs de vos produits auprès de leurs amis pour étendre votre notoriété comme une trainée de poudre.

GERER SES EMOTIONS FACILEMENT:
LA MAITRISE DE SOI FACILE POUR MOBILISER SES CAPACITES (MOTIVATION,
CONFIANCE EN SOI...) A VOLONTE, INSTANTANEMENT.

Ne plus être esclave de vos états intérieurs (colère, stress, jalousie etc.) n'aura jamais été aussi facile et rapide qu'avec cette méthode qui va vous permettre de retrouver une parfaite maitrise de soi et de mobiliser instantanément n'importe qu'elle capacité.

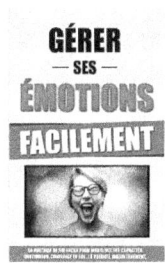

TROUVER UNE NICHE LUCRATIVE SANS SE TROMPER:
LA NOUVELLE DEMARCHE POUR CREER UN BLOG DANS UN MARCHE DE
NICHE ULTRA RENTABLE ET DEVENIR RICHE DU 1er COUP.

Tout ce qu'il vous faut pour bien choisir votre marché de niche pour être sûr de réussir, et ne pas commettre les erreurs des débutants qui se retrouvent ruinés au bout de 6 mois ou 1 an car ils ont choisi leur marché de niche en se basant sur les mauvais critères.

LA COMMUNICATION EFFICACE EN 60 MINUTES CHRONO:
DECOUVREZ LES TECHNIQUES SECRETES DE LA COMMUNICATION VERBALE ET
NON VERBALE POUR BRILLER DES CE SOIR.

Devenez un pro de la communication dans tous ses aspects, aussi bien verbale que non verbale, en seulement 60 minutes chrono. Une solution clés-en-main, facile, pour résoudre définitivement tous vos problèmes de communication sans y passer des mois ou des années!

LA MEMOIRE FACILE INSTANTANEE:
AMELIORER SA MEMOIRE, MEMORISER COMME UN CHAMPION DES CE
SOIR SANS RIEN OUBLIER ET SANS EFFORTS.
Des exercices et stratégies faciles qui vont vous permettre d'utiliser vos
différentes mémoires à plein régime et mémoriser sans peine autant
d'informations que vous voulez...instantanément et sans les oublier,
comme le font les champions de la mémorisation.

TITRES QUI VENDENT:
DANS 47 MINUTES VOUS ECRIREZ DES TITRES FACEBOOK, ADWORDS,
BLOG, PAGE DE VENTE, EMAIL COMME UN PRO DU COPYWRITING!
Découvrez les secrets et les 101 meilleurs templates pour créer des
titres chocs qui vont vous rapporter (très) gros, et acquérir les
compétences des meilleurs copywriters en seulement 47 minutes!

VAINCRE SA TIMIDITE:
LA METHODE CHOC DES EXPERTS EN CONFIANCE EN SOIR POUR SORTIR
DE L'ENFER DE LA TIMIDITE FACILEMENT ET RAPIDEMENT.

Enfin une méthode pas-à-pas qui vous permet de vous libérer de votre timidité pour toujours, et d'obtenir ce magnétisme personnel que vous avez peut-être toujours cru réservé aux autres, tout ça rapidement et facilement.

SYSTEME AFFILIATION:
LA NOUVELLE FAÇON POUR ENFIN VIVRE DE SON BLOG PAR
L'AFFILIATION ET DEVENIR RICHE SANS CRÉER UN SEULPRODUIT.

Ce redoutable système d'affiliation est la preuve que l'affiliation fonctionne toujours à merveille pour les rares initiés qui savent l'utiliser de la bonne manière. Mettez enfin en place en seulement quelques jours une véritable machine à générer des revenus passifs sans jamais avoir à créer le moindre produit ni vous occuper du service après vente.

ECRIRE UN EBOOK IRRESISTIBLE EN UN WEEK-END:
LA NOUVELLE METHODE POUR ECRIRE UN LIVRE QUE LES LECTEURS
ADORENT, PRET A VENDRE LUNDI MATIN.

Laissez-vous guider par une procédure simple et d'une efficacité redoutable pour créer en seulement un week-end un ebook que les gens vont s'arracher, même si vous n'êtes pas expert dans un domaine.

DEVENIR RICHE EN 42 JOURS:
LA METHODE PAS-A-PAS POUR.GAGNER DE L'ARGENT SUR INTERNET ET VIVRE SES REVES EN PARTANT DE RIEN.
Une méthode prouvée qui vous guide pas-à-pas et vous permet d'atteindre votre indépendance financière en 42 jours grâce à Internet, même si vous démarrez actuellement de rien. Un must à ne pas manquer.

COMMENT SE CONCENTRER COMME EINSTEIN:
LE SECRET DES ETUDIANTS PARESSEUX POUR DECUPLER LA CONCENTRATION ET
LA MEMOIRE AVEC LA TECHNIQUE DU DOCTEUR VITTOZ.
Ce best seller dans le top 100 des meilleures ventes d'Amazon vous montrera la technique jadis utilisée par Einstein qui vous donnera le pouvoir de vous concentrer sur ce que vous voulez aussi longtemps que vous voulez.

COMMENT REUSSIR VOS EXAMENS:
LE POUVOIR INEGALE DE LA DYNAMIQUE MENTALE POUR FINIR PREMIER
DANS VOS ETUDES ET EXAMENS EN ETANT PARESSEUX.

Réussissez dès maintenant vos examens et vos études en découvrant la technique secrète utilisée par les plus grands sportifs internationaux. Spécialement adaptée ici à la réussite aux examens par des médecins et psychologues, elle vous propulsera parmi les meilleurs étudiants sans avoir à étudier davantage.

ACUPRESSION DE SECOURS:
SUPPRIMEZ IMMEDIATEMENT LE STRESS, LE MAL DE TETE, LE TROU DE
MEMOIRE PENDANT UN EXAMEN AVEC VOTRE DOIGT.

Soulagez vos douleurs et malaises immédiatement dès que vous en avez besoin et empêchez-les de vous faire rater un oral, un examen ou tout moment important de votre vie. 100% pratique, très clair et simple, ce livre est très certainement le meilleur investissement que vous puissiez faire pour votre santé et votre succès.

LA LECTURE RAPIDE EN 60 MINUTES CHRONO:
DOUBLER (OU TRIPLER) VOTRE VITESSE DE LECTURE N'A JAMAIS ÉTÉ
AUSSI FACILE!

Utilisez les meilleures techniques des lecteurs les plus rapides pour augmenter votre vitesse de lecture de 100% dès aujourd'hui.

LA RELAXATION ZEN PROFONDE:
LA VOIE ROYALE POUR LA LIBERATION EMOTIONNELLE ET LE LACHER
PRISE.

L'outil parfait pour aborder les situations du quotidien sereinement, et reprendre le contrôle de votre vie et de vos émotions dans le lâcher prise.

NUTRITION DETOX:
BIEN MANGER POUR UNE VIE DE PURE ENERGIE, FORME ET SANTE.

Plus jamais vous ne vous empoisonnerez à la malbouffe, et apprendrez les principes alimentaires qui vous redonnerons une énergie et une qualité de santé au-delà de vos espérances tout en vous faisant économiser des dizaines d'euros tous les mois.

LE MIND MAPPING FACILE:
MEILLEURE MEMOIRE, PRISE DE NOTE RAPIDE, BRAINSTORMING,
GESTION DE PROJET SANS EFFORT AVEC LES MIND MAPS.
Le Mind Map (ou carte heuristique) va révolutionner votre vie et votre mémoire en termes gain de temps, d'organisation et d'efficacité par un système puissant et redoutable de prise de notes et d'organisation de l'information autour de diagrammes basés sur la manière naturelle dont fonctionne votre cerveau. Un outil à posséder absolument.

L'ANGLAIS FACILE AVEC LE MIND MAPPING:
COMMENT APPRENDRE L'ANGLAIS ET N'IMPORTE QUELLE LANGUE
RAPIDEMENT SANS JAMAIS L'OUBLIER.
Si vous avez toujours eu du mal avec les langues ou que vous souhaitiez apprendre l'Anglais facilement et rapidement, cette méthode innovante basée sur le Mind Mapping va très certainement vous y aider.

L'ESPAGNOL FACILE AVEC LE MIND MAPPING:
COMMENT APPRENDRE L'ESPAGNOL ET N'IMPORTE QUELLE LANGUE
RAPIDEMENT SANS JAMAIS L'OUBLIER.

La même chose que pour l'Anglais, mais cette fois c'est plutôt si vous souhaitez vous rendre là où les gens parlent Espagnol et apprendre cette langue facilement et rapidement à l'aide du Mind Mapping.

COMMENT SAUVER SON COUPLE EN UNE HEURE:
LA NOUVELLE MANIERE POUR EVITER LA RUPTURE AMOUREUSE ET
CREER UNE PASSION AMOUREUSE INTENSE.

Avant de penser à rompre, découvrez d'abord ce programme qui a déjà sauvé la relation amoureuse de plusieurs milliers de couples et évité de grandes souffrances de rupture, en seulement une heure.

www.ingramcontent.com/pod-product-compliance
Lightning Source LLC
Chambersburg PA
CBHW061219180526
45170CB00003B/1070